APOPLEXIE PROGRESSIVE

ET

Hémorrhagie Ventriculaire

PAR

P. PUECH

Interne des hôpitaux de Montpellier.

PARIS

<table>
<tr><td>AUX BUREAUX DU
PROGRÈS MÉDICAL
14, rue des Carmes, 14</td><td>**LECROSNIER & BABÉ**
ÉDITEURS
Place de l'École de Médecine.</td></tr>
</table>

1889

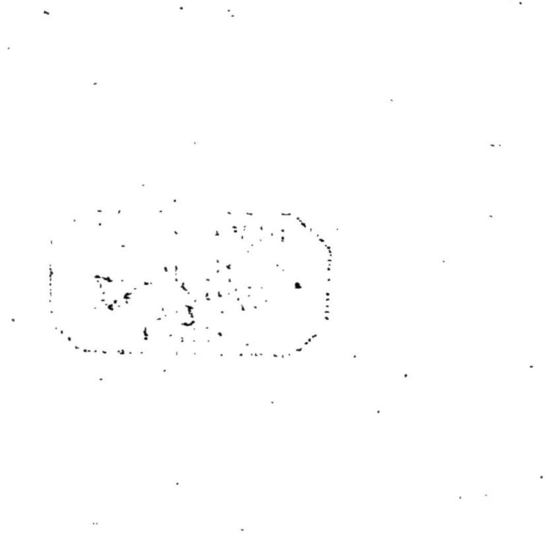

APOPLEXIE PROGRESSIVE

ET

Hémorrhagie Ventriculaire

A l'une des séances du mois de juin 1876 de la « *Royale Société de médecine et de chirurgie* » de Londres (1), le docteur Broadbent donnait lecture d'un mémoire sur ce qu'il appelait « *l'apoplexie progressive* » (ingravescent apoplexy) et montrait les rapports constants qui existaient entre ce mode d'apoplexie et les lésions cérébrales constatées sur le cadavre.

De cette marche particulière de l'apoplexie, il faisait la signature d'une lésion d'un point particulier de l'encéphale. Aussi pouvait-il se croire autorisé à intituler son travail : « Contribution à l'étude des localisations cérébrales. » La marche de l'apoplexie est des plus caractéristiques ; les lésions trouvées à l'autopsie constantes. Il y a là, dans l'histoire du diagnostic du siège pathologique des enseignements précieux pour le clinicien, dont le rôle, à ce point de vue, est à l'heure actuelle plus étendu qu'il y a quelques années. Au lit d'un malade frappé d'apoplexie, le médecin ne peut plus, en effet, se contenter de se prononcer sur le siège du mal à droite ou à gauche ; il doit s'efforcer d'en préciser plus

______

(1) *The Lancet*, Paris, 1876, p. 887.

exactement la situation dans l'un ou l'autre hémisphère, par satisfaction scientifique au moins, quelquefois même par intérêt thérapeutique. — Voyons donc ce qu'est l'apoplexie progressive :

« L'apoplexie progressive débute par une brusque douleur dans la tête, une défaillance, des vomissements, et continue par un coma qui augmente peu à peu ; elle est caractérisée par la conservation initiale de la connaissance, le développement graduel des symptômes et une issue fatale rapide ; — la cause ne varie jamais et n'est autre qu'un épanchement sanguin considérable. Le territoire hémorrhagique est constamment situé sur le côté externe du corps strié extra-ventriculaire entre le ganglion et la capsule externe. »

La symptomatologie comme le siège anatomique ressortent clairement de la lecture de ces quelques lignes du médecin anglais. Quelques faits recueillis dans les auteurs (Charcot, Bouchard, Bourneville, Prévost, Duret), cinq observations dues à Broadbent lui-même et que nous allons rapporter ici, ont servi de base à la description qu'on vient de lire. Nous les ferons suivre du fait qui nous est personnel.

Observation I. (Broadbent). — Homme de 50 ans. Est pris soudain d'étourdissements et d'un léger trouble mental, auxquels s'ajoute ensuite une hémiplégie gauche, mais sans perte de connaissance. Porté à l'hôpital Ste Mary, et là, quoique un peu excité, peut donner un compte exact des circonstances qui ont accompagné l'attaque. On constate une hémiplégie gauche avec relâchement des membres paralysés, et en même temps une déviation à droite très prononcée de la tête et des yeux. Hémianesthésie marquée, affectant la face et le tronc aussi bien que les membres. Légère action réflexe en chatouillant la plante du pied gauche. Pouls à 108. Vomissements fréquents. Tendance au sommeil manifeste, puis sommeil dont il est impossible de le tirer. Huit heures et demie après l'attaque survient le stertor. Le malade est alors sans connaissance et meurt au bout de vingt minutes. Pendant le stertor, la déviation latérale des yeux a cessé. A *l'autopsie* on trouve une abondante hémorrhagie située entre le corps strié et la capsule externe, aplatissant et distendant les circonvolutions de l'insula de Reil, et formant une cavité le long du côté externe du corps strié et de la couche optique de 2 1/2 à 3 pouces. Le sang a pénétré dans le ventricule latéral par une fissure étendue sur presque toute la longueur de son bord externe. Tous les ventricules étaient également remplis par le sang. Dans les poumons, la rate et le foie, foyers hémorrhagiques. Reins contractés et granuleux.

Observation II (Broadbent). — Dans ce deuxième cas, il s'agit d'une femme de 45 ans, qui, le 8 février 1871, fut atteinte d'une légère parésie, dont la disparition se fit promptement. — Le 11, elle ne peut mouvoir sa jambe gauche et se met à vomir. Elle dort presque continuellement pendant 2 ou 3 jours, se réveillant par intervalles, et alors parfaitement consciente. L'urine et les fèces sortent involontairement. A son entrée à l'hôpital, qui n'a lieu que 3 semaines après le début des accidents, on constate une hémiplégie gauche avec distortion de la face et hémianesthésie. — Meurt trois jours après. A *l'autopsie* : hémorrhagie entre le corps strié et la capsule externe, faisant bomber en dehors l'insula de Reil, et le séparant à la fois du corps strié et de la couche optique déplacés eux-mêmes en dedans. Le sang a pénétré le corps strié jusqu'en son milieu, mais n'a pas atteint le ventricule. Embolies dans la rate, reins granuleux.

Observation III (Broadbent). — Cocher, 60 ans, ramassé par un policemen qui le croit en état d'ivresse et le mène au poste. Là, est pris de vomissements sentant l'alcool, en même temps que d'hémiplégie gauche, que constate un médecin appelé. Amené à l'hôpital quelques heures après il était sans connaissance et avait une hémiplégie gauche avec hémianesthésie. On peut cependant provoquer quelques mouvements reflexes dans les membres paralysés. La mort survint le lendemain de son entrée à l'hôpital. L'*autopsie* décèle l'existence d'une hémorrhagie entre la capsule externe et le corps strié, séparant ce ganglion et la couche optique de l'hémisphère et pénétrant dans le ventricule latéral par une fissure située à son angle externe. Le sang n'avait pas pénétré dans les autres ventricules.

Observation IV (Broadbent). — Femme de 46 ans, habituellement bien portante. Laisse tomber dans la rue les paquets qu'elle porte ; continue encore à marcher un peu, et finalement est obligé de s'asseoir. Elle est portée sans connaissance à l'hôpital, où l'on constate une hémiplégie gauche avec rigidité et mouvements continuels des membres droits. Recouvre au bout d'un certain temps sa connaissance et répond avec netteté. Meurt 2 jours après. *Autopsie* : Hémorrhagie occupant la situation déjà signalée, s'avançant dans le lobe frontal, séparant le corps strié et bombant dans le ventricule.

OBSERVATION V (Broadbent). — Un cocher était en train de panser ses chevaux, quand, subitement, il sent un engourdissement dans le bras droit. Il ne tomba pas ni ne perdit connaissance. Hémiplégie graduelle. Au bout d'une heure il vomit, et tombe ensuite dans un profond sommeil. Le lendemain il est porté à l'hôpital. L'intelligence est obtuse ; la parole rapide et indistincte comme celle d'un homme ivre. Hémiplégie droite avec déviation latérale seule des yeux et hémianesthésie marquée. Il semble d'abord aller un peu mieux, mais le cinquième jour après le début de l'attaque, la température s'élève rapidement, et il meurt ce même jour. L'hémorrhagie ici s'étendait entre la capsule externe et les ganglions, mais plus loin que dans les cas précédents. Le sang avait pénétré dans le ventricule entre la couche optique et le noyau intra-ventriculaire, séparé la partie postérieure de la couche optique de la voûte, et atteint le tubercule quadrijumeau supérieur.

Telles sont reproduites dans leurs détails et aussi fidèlement que possible les observations du médecin anglais. L'exposé de celle qui nous est propre permettra de juger des rapports qui la rattachent à celles qui précèdent. Sa parfaite analogie, notamment avec la première, n'échappera à personne.

OBSERVATION VI (personnelle). — Emilie S... 44 ans, couturière. Pas d'antécédents héréditaires. Enfance maladive ; n'a marché qu'à l'âge de 5 ans. — Menstruée à 14 ans ; depuis lors, écoulement régulier mais peu abondant. A eu deux accouchements nécessitant l'emploi du forceps et se terminant chaque fois par l'extraction d'un enfant mort. Taille moyenne, complexion assez bonne. Habitudes alcooliques anciennes. Dans l'espace de ces cinq dernières années a eu deux attaques, dont la première s'est assez rapidement terminée par la guérison, et dont la seconde, survenue il y a 3 ans, a laissé après elle une parésie du côté gauche, pour laquelle la malade entra à l'Hôpital général (service de M. le professeur Hamelin) dans le courant du mois de février 1887, mais qui, cependant, ne l'empêche

pas de se livrer à des travaux de couture assez délicats.
Marche en traînant un peu la jambe gauche. Maux de tête fréquents ; insomnie habituelle, plus marquée surtout dans les
derniers jours. Le 29 mars 1887, se trouvant dans la cour à
7 h. 1/2 du matin, elle s'affaisse tout à coup, tombe et ne peut se
relever. Transportée immédiatement à son lit, nous la voyons
tout aussitôt. Décubitus dorsal. Déviation de la tête et des yeux
à droite. Léger abaissement de la paupière supérieure gauche.
Affaissement du côté gauche du corps. Hémiplégie complète
de ce côté avec hémianesthésie. L'intelligence est bien conservée et la malade, qui répond facilement à nos questions, nous
donne la plupart des renseignements que nous avons rapportés
en tête de cette observation et qui devaient nous être confir-
més et complétés par la famille. Se plaint de vives douleurs
céphaliques. Envies continuelles de vomir avec efforts de vomissements, qui se terminent par le rejet de la cuillerée de la
potion alcoolique qui lui est administrée. Pouls à 84° . Temp.
36°. Sinapismes sur les membres inférieurs ; manuluves sina-
pisés. Lavement avec follicules de séné et sulfate de soude. A
9 h. 1/2, le nombre des pulsations est de 120. La respiration
est fréquente (32 r.) et s'entend à distance. Même état des
membres supérieurs. Aux membres inférieurs on constate l'exa-
gération des réflexes rotuliens des deux côtés. Le chatouille-
ment de la plante des pieds semble plutôt produire la trépida-
tion épileptoïde que le retrait franc du membre. La réponse à
l'excitation est un peu plus lente à gauche qu'à droite. La dé-
glutition est facile. Les vomissements ont cessé.—L'intelligence
est parfaitement conservée, quoiqu'il y ait cependant un peu
de tendance à l'assoupissement. — M. le professeur Hamelin,
qui voit alors la malade, fait appliquer un vésicatoire ammo-
niacal à la nuque et prescrit une potion alcoolique. A 11 heures,
nous trouvons la malade dans la somnolence. Elle prononce
quelques paroles dont on ne peut saisir le sens. La face présente des alternatives de coloration et de décoloration. Le pouls
bat entre 128 et 136. La respiration est à 40. La température
s'élève à 38° 6. A 1 h. 1/2, des sueurs abondantes commencent
à se montrer sur la face qui est fortement injectée. La peau est
brûlante. La respiration devient de plus en plus fréquente (60
mouvements respiratoires). Les narines sont dilatées et légère-
ment pulvérulentes. Pouls à 148. Temp. 40° 7. — A 3 heures
la malade, les paupières closes, est étendue immobile sur son
lit, indifférente à tout ce qui se passe autour d'elle et n'a pas
reconnu les membres de sa famille qui viennent d'arriver. La
face vivement congestionnée est tournée maintenant à gauche.
Tout le tronc est couvert de sueurs abondantes, qui mouillent

les draps du lit. Le pied gauche ne répond plus à l'excitation
plantaire. Râles sous-crépitants à la base. Respir. à 62. Pouls à
152. Temp. 40° 4. — A 6 heures, la malade est dans le coma.
Des sueurs profuses couvrent tout le corps. Le nombre des
mouvements respiratoires s'élève à 64. Nous comptons entre
144 et 150 pulsations. Elle meurt dans la nuit à 4 heures du
matin.

Le tableau qui venait ainsi de se dérouler à nos yeux rappe-
lait en tous points la description donnée par Broadbent de
l'apoplexie progressive. L'autopsie devait nous démontrer le
bien-fondé de nos prévisions.

Autopsie. — Cœur graisseux, tissu friable et coloration
feuille morte. Plaque d'athérome sur le valvule mitrale. Ar-
tério-sclérose généralisée, plus particulièrement prononcée
sur les artères de la base du cerveau, où les noyaux indurés
forment un véritable chapelet à grains serrés. Poumons conges-
tionnés aux bases. Reins et foie graisseux. A l'ouverture de
la boîte crânienne, on constate une légère suffusion séreuse de
toute la surface du cerveau. Celui-ci présente un volume et
un aspect extérieur normaux. Les circonvolutions sont bien
conformées. Les diverses coupes pratiquées sur l'hémisphère
cérébral gauche montrent l'absence d'altération de la substance
nerveuse, en même temps qu'elles font voir dans la cavité du
ventricule latéral un caillot de sang noir coagulé, reste de
l'épanchement sanguin qui provient de celui très abondant
que nous allions trouver dans le ventricule latéral du côté
droit. Les coupes faites sur l'hémisphère de ce côté devaient
être d'ailleurs des plus instructives : les lésions qu'elles nous
permettaient de constater étaient en effet entièrement sembla-
bles à celles notées dans tous les cas de Broadbent, dont une
des descriptions nécropsiques pourrait être ici intégralement
reproduite. — Entre la substance inomminée et les ganglions,
nous trouvons en effet un vaste foyer hémorrhagique allongé
dans le sens antéro-postérieur, ayant détruit l'avant-mur, la
capsule externe, la plus grande partie de la capsule interne et
une bonne portion du noyau extra-ventriculaire du corps
strié. A la partie interne et supérieure de ce foyer, le tissu de
la couche optique qui le limite en dedans est déchiqueté dans
une faible épaisseur. Entre la couche optique et le noyau
caudé se trouve le passage par lequel le sang a pénétré dans
le ventricule latéral qu'il remplit. C'est consécutivement qu'il
est arrivé par les orifices normaux de communication, entre
les deux ventricules, dans le ventricule latéral du côté droit,
où nous avons déjà signalé sa présence, et dans les troisième

et quatrième ventricules, qui en renfermaient une petite quantité. La protubérance et le cervelet n'ont rien présenté de particulier.

J'ai, chemin faisant et à différentes reprises, signalé l'analogie de mon observation avec celle du médecin anglais. Il serait donc oiseux d'insister une fois de plus sur ce point. — Qu'il me suffise de rappeler ici la constatation à l'autopsie de l'hémorrhagie ventriculaire et l'absence pendant la vie de la contracture, qui en est, d'après les auteurs, le symptôme capital. Sur ce point nous reviendrons tout à l'heure et plus en détail. Nous pouvons donc maintenant, ajoutant notre observation aux faits rapportés par Broadbent, essayer de tracer l'histoire plus complète de l'apoplexie progressive.

Etiologie. — Je dirai volontiers de l'apoplexie progressive qu'elle est plus particulièrement l'apanage des vieux jeunes. Si l'hémorrhagie cérébrale peut se produire à tous les âges, c'est surtout chez les vieillards qu'on la rencontre : les statistiques publiées par les auteurs s'accordent, en effet, pour reconnaître que c'est à partir de 60 ans qu'on l'observe le plus. Dans les 4 premières observations de Broadbent, où l'âge est indiqué, et dans notre observation nous voyons que l'apoplexie progressive a affecté des individus à l'âge manifestement au-dessous de l'âge moyen ordinaire. Le plus âgé avait en effet 60 ans (Obs. III); le plus jeune (Obs. VI) n'en avait que 44. Nous trouvons pour les autres 50, 45, 46 ans. Le sexe paraît n'avoir eu aucune influence, puisque des six cas sur lesquels repose cette description, trois se rapportaient à des hommes, les trois autres à des femmes. Quant aux autres causes qui peuvent être invoquées pour expliquer la production de l'apoplexie progressive, ce sont celles signalées pour toute hémorrhagie cérébrale. Je n'ai pas plus particulièrement ici pour l'apoplexie progressive à énumérer les diverses conditions, qui, en dernière analyse, ont pour effet de provoquer l'état anévrysmal des vaisseaux.

C'est dire du même coup que l'*Anatomie patholo-gique* et la *pathogénie* sont les mêmes que celles de toute hémorrhagie cérébrale : anévrysme miliaire suc-cédant à l'inflammation chronique et à l'altération des tuniques artérielles interne et externe avec atrophie de la tunique moyenne, que le processus pathologique ait commencé par la tunique externe (péri-artérite, sclérose externe de Charcot et Bouchard), ou bien par la tunique interne, comme le veut Zenker. Plus tard, rupture de ces anévrysmes. L'apoplexie progressive, en définitive, ne tire son cachet particulier que du *siège* où se fait l'extravasation sanguine. Ce siège anatomique, Broad-bent l'a nettement défini. La lecture des observations qu'il a recueillies comme de celle qui nous est propre, ne peuvent que nous confirmer la description du mé-decin anglais : « L'épanchement hémorrhagique abon-dant occupe le territoire situé sur le côté externe du corps strié extra-ventriculaire, entre le ganglion et la capsule externe. » Ces limites sont, dans certains cas, dépassées : le corps strié et la couche optique atteints dans leur partie externe, l'avant-mur et la capsule ex-terne compris dans le foyer hémorrhagique. C'est ce que nous révèle l'autopsie des malades qui font le sujet des observations II, V et VI. Mais pourquoi cette marche particulière de l'apoplexie, qui semble en désaccord avec la signification que le mot renferme en lui-même et rappelle à l'esprit? Y a-t-il dans la constitution anato-mique du point atteint la raison suffisante qui nous per-mettra de comprendre et d'expliquer une apoplexie avec développement graduel des symptômes sans brusquerie, sans généralisation d'emblée? Pour Broadbent, c'est bien en effet à la disposition des fibres cérébrales à ce niveau qu'il faut rattacher la marche progressive de l'apoplexie. La facilité grande de ces fibres à se laisser dissocier d'une part, d'autre part le voisinage de la scissure de

Sylvius, qui rend possible l'expansion de l'insula de Reil, en permettant ainsi à la substance cérébrale d'échapper à la compression subite de l'extravasat sanguin, expliquent la conservation — du moins au début — de la connaissance. C'est aussi à cette disposition jointe au calibre considérable des vaisseaux de la région déjà signalé par Duret, qu'il faut attribuer l'abondance de l'épanchement sanguin à ce niveau. Le peu de résistance des fibres, le défaut de pression qui en résulte pour les vaisseaux hémorrhagipares, laissent toute facilité à la sortie et à l'extension du sang.

J'avoue que, pour ma part, je n'éprouve aucune peine à admettre l'explication mise en avant par Broadbent. Les recherches et les expériences de Duret sur la pathogénie de la commotion cérébrale apportent un sérieux appui à cette manière de voir. On sait le rôle que fait jouer ce physiologiste, pour expliquer les phénomènes de la commotion (perte de connaissance, insensibilité, état comateux, etc., etc.....), au reflux subit du liquide céphalo-rachidien dans le 4e ventricule et les cavités centrales de l'encéphale, à la distension et à la compression brusques de la substanse cérébrale, qui en résultent. Quoi d'étonnant, si le tissu cérébral peut échapper à la compression soudaine, — ici produite par le sang, — qu'une partie des phénomènes, à la production desquels nous étions en droit de nous attendre, fasse défaut? C'est précisément ce qui arrive pour l'apoplexie progressive, où, par suite d'une disposition anatomique, les points atteints se trouvent réaliser les conditions voulues pour échapper, en la fuyant, à la brusquerie du choc.

La *Marche* sur laquelle nous avons déjà insisté, de cette forme d'apoplexie, est résumée tout entière dans l'épithète « progressive » qui l'accompagne. C'est, en effet, le développement graduel des symptômes qui la caractérise. Au début une douleur céphalique, des vertiges, quelques vomissements, l'engourdissement d'un membre, une paralysie plus complète même, suivis bientôt d'une gamme progressivement ascendante de phénomènes (tendance au sommeil, puis sommeil, ascension de la température, coma, stertor), qui se termine finalement à la mort.—Je note, en passant, comme semblant se rapporter plus particulièrement à l'apoplexie progressive, avec la conservation initiale de la connaissance : les vomissements qui n'ont manqué qu'une fois sur les six observations (Obs. IV) et la fréquence de la lésion à droite, qui s'est rencontrée cinq fois (Obs. I, II, III, IV, VI). Comme pour toutes les apoplexies, la température a ici la même signification et la même marche que lorsque la terminaison doit être fatale : diminution de la température au début, puis ascension continue. Même remarque pour la circulation et la respiration, dont la fréquence, parallèlement croissante à l'élévation de la température, a une signification fâcheuse. On peut dire seulement que, dans la forme progressive de l'apoplexie, la mort en étant toujours la terminaison, cette marche ascensionnelle de la température, cette augmentation du nombre des pulsations et des mouvements respiratoires doivent toujours se rencontrer. C'est ce que nous avons pu nettement constater dans l'observation qui nous est personnelle.

Cette *Terminaison* fatale se fait ordinairement assez vite, parfois même à bref délai. Si nous éliminons, en effet, la malade qui fait l'objet de l'observation II, nous trouvons que pour les autres la mort est arrivée 8 heures (Obs. I), 20 heures (Obs. VI), 24 heures (Obs. III), 2 jours (Obs. IV), 5 jours (Obs. V), après le début de l'attaque. L'issue fatale et rapide constitue donc un caractère de plus à ajouter à ceux que nous avons essayé de mettre en lumière.

Mais les analogies de notre observation avec celles rapportées par Broadbent n'étaient pas le seul point qui nous avait frappé. Comme nous l'avons indiqué en passant, à l'autopsie il nous était donné de constater l'existence d'une hémorrhagie ventriculaire considérable, sans que, pendant la vie, se soit montré un des symptômes qui l'accompagnent le plus habituellement : la contracture.

Pouvons-nous relier l'un à l'autre ces deux faits : hémorrhagie ventriculaire sans contracture, marche progressive de l'apoplexie ? Signalée pour la première fois en 1839, par Boudet, dans un *Mémoire sur l'hémorrhagie des méninges*, la contracture précoce, est donnée par lui comme un signe certain et constant de l'inondation ventriculaire. Depuis lors, nous la voyons figurer à ce titre dans les descriptions que nous en font les auteurs.

Mais, quelque fréquente qu'elle puisse être, la contracture ne se rencontre pas dans tous les cas d'hémorrhagie ventriculaire d'une façon aussi absolue que Boudet semblait l'avoir tout d'abord établi. Déjà Durand-Fardel (*Annales de médecine*, T. II, année 1843), et plus près de nous (1877) Gallopain, dans sa thèse sur *les hémorrhagies cérébrales intra-ventriculaires* publiaient une série de faits où la contracture avait fait défaut. Nous la voyons manquer dans notre observation, et dans 3 sur 5 des observations de Broadbent, il en était de même ; et cependant, dans ces 4 observations, les ventricules étaient remplis de sang. A quoi donc rattacher ces différences ?

Longtemps la contracture a été expliquée par un réflexe ayant son point de départ et sa cause dans l'irritation de l'épendyme par la présence du sang. Mais des faits pathologiques et des faits expérimentaux sont venus qui ont dépouillé l'épendyme de l'excitabilité qu'on lui avait jusque-là reconnue. Contre cette prétendue excitabilité, Gallopain invoque : 1° l'absence de contracture dans l'hématomyélie, dans laquelle pourtant, par suite de l'analogie de l'épendyme médullaire avec l'épendyme ventriculaire, on devrait la rencontrer, si l'excitation de l'épendyme en était la cause ; — 2° les cas où elle a fait défaut, alors que le sang remplissait les ventricules, et nous avons vu qu'ils sont nombreux ; — 3° ceux enfin où, avec un foyer éloigné de l'épendyme et des méninges, il y avait eu contracture.

Dans le même but, Cossy (thèse de Paris, 1879) entreprend, dans le laboratoire de Vulpian, une série de recherches et fait voir que l'excitation mécanique et électrique de toute la surface des ventricules latéraux ne donne lieu à aucun phénomène réactionnel. Pour lui, comme pour Gallopain, l'épendyme doit donc être regardé comme inexcitable. Et c'est à la lésion des parties excito-motrices (couches optiques, capsule interne, pédoncules cérébraux) qu'il faut, d'après ces deux auteurs, attribuer la production de la contracture.

Mais, quelle que soit la part que l'on accorde à l'une ou à l'autre : excitation de l'épendyme ou excitation des parties excito-motrices, il est un facteur bien mis en lumière par les expériences de Cossy pour expliquer la production de la contracture dans l'hémorrhagie ventriculaire : c'est la brusquerie de l'irruption sanguine dans les ventricules. En injectant brusquement du liquide dans les ventricules latéraux du chien, Cossy a obtenu constamment une contracture intense et généralisée. Rien de semblable si l'injection est peu abondante et surtout poussée graduellement.

C'est certainement ainsi que s'est fait dans notre cas l'épanchement ventriculaire. Au début, l'hémorrhagie se produit sur le côté externe du corps strié extraventriculaire, entre le ganglion et la capsule externe ; la marche progressive de l'apoplexie observée au début nous en fournit la preuve évidente. Puis, petit à petit, le sang se fraye un chemin vers les parties centrales de l'encéphale et le ventricule latéral, et par l'ouverture qu'il se creuse envahit ce dernier, graduellement, sans brusquerie. C'est la reproduction pathologique des expériences de Cossy : injection lente de liquide dans les ventricules, pas de contracture. Et il devra en être ainsi surtout dans les hémorrhagies ventriculaires secondaires succédant à la rupture d'un foyer sanguin situé dans un point avoisinant les ventricules latéraux, c'est-à-dire permettant au sang de ne remplir que petit à petit les ventricules. C'est ce que nous trouvons réalisé dans quatre cas d'apoplexie progressive, où se rencontrait à l'autopsie un épanchement ventriculaire abondant sans qu'il y ait eu contracture pendant la vie. En analysant les faits d'hémorrhagies ventriculaires sans contracture, Gallopain déjà reconnaissait que c'était dans celles qui résultaient de la rupture d'un foyer creusé dans l'épaisseur du corps strié que la contracture faisait le plus souvent défaut.

En résumé, je vois dans mon observation une preuve clinique des expériences de Cossy et un fait de plus à ajouter aux observations de Broadbent. L'obscurité qui règne encore sur la physiologie pathologique des ventricules d'une part, d'autre part le petit nombre des cas d'apoplexie progressive, m'ont engagé à la publier, et soumettre à votre appréciation le résultat des recherches dont elle a été pour moi le point de départ.

PARIS. — IMP. V. GOUPY ET JOURDAN, RUE DE RENNES, 71.

9 782013 492553